Éditions Prise de parole
205-109, rue Elm
Sudbury (Ontario)
Canada P3C 1T4
www.prisedeparole.ca

Nous remercions le gouvernement du Canada, le Conseil des arts du Canada, le Conseil des arts de l'Ontario et la Ville du Grand Sudbury de leur appui financier.

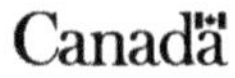

Afghanistan

De la même autrice

Andréanne Mars, roman, Sudbury, Éditions Prise de parole, 2017.
Marjorie Chalifoux, roman, Sudbury, Éditions Prise de parole, 2015, prix littéraire Trillium.
Eulalie la cigogne, roman, Gatineau, Éditions Vents d'ouest, 2010.

Cinquante exemplaires de cet ouvrage
ont été numérotés et signés par l'auteure.

Véronique-Marie Kaye

Afghanistan

Théâtre

Éditions Prise de parole
Sudbury 2013

Photographie en page de couverture : Sylvain Sabatié, *Afghanistan # 5b*, octobre 2010.
Conception de la page de couverture : Olivier Lasser

Diffusion au Canada : Dimédia

Catalogage avant publication de Bibliothèque et Archives Canada
Kaye, Véronique-Marie, 1962-, auteur
Afghanistan / Véronique-Marie Kaye.
Pièce de théâtre. Publié en formats imprimé (s) et électronique (s).
ISBN 978-2-89423-299-6. – ISBN 978-2-89423-724-3 (pdf).–
ISBN 978-2-89423-865-3 (epub)
I. Titre.
PS8621.A90A64 2013 jC842'.6 C2013-904814-6
C2013-904815-4

ISBN 978-2-89423-299-6 (Papier)
ISBN 978-2-89423-724-3 (PDF)
ISBN 978-2-89423-865-3 (ePub)

Afghanistan a été créé le 29 novembre 2010 à La Nouvelle Scène, à Ottawa, dans une production du Théâtre la Catapulte.

Équipe de création

Texte	Véronique-Marie Kaye
Mise en scène	Patricia Marceau
Scénographie	Ivo Valentik
Éclairages	Guillaume Houët
Environnement sonore	Jean-Michel Ouimet
Costumes	Angela Haché
Régie	Sariana Monette-Saillant (2010) et François Ouimet (2011-12)
Direction de production	Lindsay Tremblay
Technicien de tournée	Sophie Ducharme (On, Qc) et Benoit Brunet-Poirier (C.-B.)

Distribution

Axelle	Julie Grethen
Jim	Mehdi Hamdad

Axelle : 17 ans, très visiblement enceinte de huit mois. Elle porte des bottes d'armée. Elle est froide et réservée au début de la pièce.

Jim : 18 ans. Minorité visible. Il est cabotin, sûr de lui, avec des pointes d'angoisse. Il se sert parfois de son statut d'immigrant pour faire avancer sa cause ou pour marquer un point.

Une allée de quilles.

Jim est seul sur scène. Il attend Axelle, qui arrive enfin. Jim l'accueille avec joie.

JIM

Qui ne l'espérait plus.

Axelle ! Axelle…

Axelle, mal à l'aise, ne répond pas.

Ah, je suis content que tu sois là !

AXELLE

Je ne voulais pas te voir. Vraiment pas. Mais…

Mal à l'aise, Axelle ne termine pas sa phrase.

JIM

Mais ce n'est pas grave, tu es ici ! Enfin ici ! Je suis content.

AXELLE

Tant mieux pour toi.

Jim
Ça fait des mois que j'essaie de te voir, des mois que je t'appelle. Tu as eu mes messages ?

Axelle ne répond pas. Jim poursuit, sarcastique.

Ou bien tu es venue ici par hasard ? Ce matin, tu passes par ici, et devant le commerce de mes parents, tu te dis : « Quel hasard ! Je vais entrer ! » Et tu entres ! Sans même me dire bonjour !

Axelle
Froidement.
C'est ça. Écoute… Je ne reste pas longtemps.

Jim
Ça tombe bien. Moi non plus. Une heure, maximum.

Axelle
J'espère que ça sera moins long que ça. Si tu me laisses parler, ça ira plus vite.

Jim
Vas-y.

Axelle
Avec difficulté.
Je ne voulais pas te voir, mais quand tu as parlé à ma mère l'autre jour, tu as dit deux choses. Puis finalement, j'ai décidé que…

Jim
La coupant.
Quel autre jour ?

AXELLE
Quand tu as téléphoné, l'autre jour.

JIM
J'ai téléphoné des milliers de fois !

AXELLE
Énervée.
Bon. C'était la dernière fois.

JIM
Avant-hier ?

AXELLE
Énervée.
Oui, non, peut-être. Avant-hier, si tu veux. Tu as dit : « Je serai aux quilles. »

JIM
Ah oui, je t'ai donné rendez-vous, comme les autres fois ! Je t'ai beaucoup attendue, Axelle. À chaque fois que je t'ai dit que je serais ici, je t'ai attendue. Même aujourd'hui, j'étais préparé mentalement à t'attendre.

AXELLE
Dans ton dernier message, « avant-hier », tu as dit : « Je serai aux quilles » et puis tu m'as lancé un ultimatum. J'aurais pu l'ignorer, mais je ne suis pas complètement sans-cœur.

JIM
Un…
Ne se souvenant plus de son ultimatum.
Quoi ? Un ultimatum, moi, j'ai dit ça ?

Axelle

C'est le message que tu as donné à ma mère, non? «J'ai des choses importantes à lui dire! Il faut que je lui parle! C'est urgent! Parce que je dois bientôt quitter le pays! Après ça, je serai peut-être mort!»

Jim

Se souvenant, en souriant.

Ah oui, j'ai dit ça… J'ai peut-être un peu exagéré. Je ne vais pas mourir… pas tout de suite, quand même. Un jour. Dans très longtemps. (*Après réflexion.*) Alors, les ultimatums, ça marche avec toi. Je vais essayer de me souvenir de ça.

Axelle

Brusque.

Les ultimatums… Je vais t'en donner un, tu vas voir à quel point ça marche bien: Dis-moi ce que tu as à me dire tout de suite, ou je m'en vais. Maintenant.

Jim

D'accord, d'accord… Et c'est quoi, la deuxième chose qui t'a fait venir?

Axelle

Laisse faire, ce n'était pas important. Je suis ici. Parle.

Jim la regarde avec bonheur, sans dire un mot. Axelle lui fait un signe d'impatience. Jim fait un pas vers Axelle. Axelle recule immédiatement.

Si tu n'as rien à dire, je m'en vais.

Jim

Je m'excuse. C'est tellement tôt! On dirait que les mots dorment encore dans ma bouche.

AXELLE

À Saint-Jean-sur-Richelieu, quand tu vas faire ton entraînement de base…

JIM

Surpris, la coupant.

Comment tu sais que je pars pour Saint-Jean-sur-Richelieu ?

AXELLE

Ma mère me l'a dit. À Saint-Jean-sur-Richelieu, quand tu vas faire ta formation, personne ne va te laisser dormir jusqu'à midi tous les matins.

JIM

Continuant, pas content.

Ah ! Comme ça, ta mère te donne tous tes messages ? Pas juste le dernier, mais les autres aussi ?

AXELLE

Glaciale.

Oui, ma mère me donne mes messages.

Silence gêné. Jim se met à sourire.

JIM

Sourire engageant.

On n'est pas obligé de parler de ta mère… On a seulement une heure, Axelle. Ce n'est pas long !

AXELLE

Pas long ? Pas long pour faire quoi ?

Elle jette un regard sur son ventre.

On a déjà fait cette erreur-là… On ne va pas recommencer.

Jim

Tu croyais que… Non, non ! Je ne voulais pas te voir pour… Voyons donc ! Je n'ai pas donné ce message-là à ta mère…

Ne pouvant résister à l'envie de faire le clown, pour la faire rire.

« Bonjour Madame, je dois voir votre fille, c'est urgent. J'ai une grosse urgence d'homme… Ça presse ! C'est mon ultimatum ! »

Sérieusement, voyant qu'Axelle ne le trouve pas drôle.

Je pars dans une heure. Je voulais te dire au revoir, c'est tout.

Axelle

Avec intensité.

Oui. J'imagine que tu as le droit de me dire au revoir, à moi aussi. Bon. Salut.

Elle reste devant lui sans bouger.

Jim

Riant.

Salut ! Salut !

Il essaie de faire le salut militaire.

Dans l'armée, je vais faire comme ça.

Il s'exécute.

Salut, mon chef commandant de l'armée des forces canadiennes ! Je viens faire votre soupe !

Jim cesse de rire. Jim regarde Axelle, l'air inquiet.

Tu as raison. On ne rit pas, dans l'armée. Tu me l'as déjà dit. Pas drôle du tout, l'armée.

Ne pouvant pas s'empêcher de faire le clown.

Tu ne peux pas rire, parce que la mort est à ta porte. Tu

veux rire quand même ? Tu ouvres la bouche, tu prends une grande bouffée d'air… Tu ris. Ha, ha, ha !…

Axelle ébauche un sourire. Jim s'en aperçoit et en rajoute.

Et d'un seul coup de l'ennemi, tu es mort. Mort de rire, pendant que ton chef commandant finit ta bonne soupe. Je vais être apprenti cuisinier. J'ai le droit d'être un peu de bonne humeur.

AXELLE

Réagissant à sa bonne humeur malgré elle.

La guerre, les mines antipersonnel, les atrocités… Tout ça, c'est comique ? (*Avec un soupir.*) Je ne t'ai pas vu depuis… la dernière fois…

JIM

Pour spécifier.

Ça fait huit mois. Ça, c'est long.

AXELLE

Poursuivant.

… Mais tu n'as pas changé. J'avais oublié ton sens de l'humour.

JIM

Content, pour la faire rire.

Je vais avoir un emploi sécuritaire. L'ennemi ne tire pas sur les cuisiniers. C'est trop gentil, un cuisinier. Vraiment pas menaçant. Alors le cuisinier, il a le droit de rire un peu plus que les autres.

Regardant Axelle avec inquiétude.

Pas vraiment plus. Un tout petit peu plus. (*Avec gratitude.*) C'est toi qui m'as donné l'idée ! Si je ne t'avais pas rencontrée… j'aurais fait quoi ? J'aurais joué aux quilles pour le restant de mes jours. (*Sincère.*) Merci !

AXELLE
Haussant les épaules.
De rien.

JIM
Toi, tu as pas mal changé, depuis la dernière fois qu'on s'est vus ! Tu étais plus douce. Douce comme la nuit qu'on a passée ensemble. Une nuit de dix-sept heures ! Sans dormir une seule minute !

AXELLE
Pas besoin de me le dire, j'étais là.

JIM
Après la nuit : des œufs, du bacon, et pas mal de café ! Puis après, tout le monde chez soi ! Au revoir, la nuit des étoiles ! Et après ça… silence. Je téléphone, je téléphone… Silence ! Ils n'étaient pas bons, les œufs ? Tu as fait une grosse indigestion pendant huit mois ? Et aujourd'hui tu vas mieux, c'est ça ?

AXELLE
J'étais occupée.

JIM
Occupée à quoi ? Occupée à être enceinte ? On peut parler au téléphone, quand on est enceinte ? J'aurais voulu te revoir, après les œufs…

AXELLE
Je le savais, que je n'aurais pas dû venir.

Jim

Changeant de ton.

Mais tu es venue! (*Avec délicatesse.*) Tu as pas mal changé… Tu es ronde et belle comme une montgolfière! (*Inquiet.*) On a le droit de dire ça à une femme enceinte?

Axelle

Soudainement désemparée.

Mettons que…

Sans terminer sa pensée.

Je ne sais pas.

Axelle détourne la tête, gênée.

Jim

Tu as peut-être faim?

Jim s'approche d'Axelle. Axelle ne réagit pas, se tenant très droite devant lui.

Axelle

Se raidissant.

Tu peux reculer.

Jim recule rapidement.

Jim

Your space, my space.

Axelle

Ton «your space», il est encore trop proche.

Jim

Reculant encore plus.

Comme ça?

Axelle

Encore un peu.

Jim recule.

Jim

Comme ça ? C'est mieux ?

Axelle

Souriant malgré elle.

Affirmatif.

Jim

Faisant un garde à vous.

Merci, cheffe ! (*De loin.*) Je peux ouvrir le casse-croûte, si tu veux. Tu veux un chien-chaud ? Je peux décongeler une pizza ! On a des barres de chocolat et des chips, aussi.

Axelle

Je ne suis pas venue ici pour manger.

Jim

Apprenti cuisinier ! Je sais déjà faire des sandwichs. Je peux décongeler n'importe quoi. J'ai la base.

Axelle

Avec un sourire moqueur.

Tenir un fusil ?

Jim

Je ne mets jamais de fusil dans mes sandwichs. Ce n'est pas bon pour la digestion.

Axelle lève les yeux au ciel et se dirige vers la sortie. Jim la rattrape.

Attends ! Reste encore, l'heure vient de commencer !

Je voulais juste… (*Sincère.*) Avec toi, c'est difficile. Tu veux rire, tu ne veux pas rire…

AXELLE

Non, avec toi, c'est facile. Je choisis de ne pas rire.

JIM

Mais j'aime ça, te faire rire!

Axelle ébauche un sourire.

Un sourire, c'est bien aussi.

Axelle cesse de sourire.

Mon avenir commence dans une heure…

Regardant sa montre.

… moins d'une heure… Je voulais te dire… Profiter de l'occasion… Ici, aux merveilleuses « Quilles Magic Bowling »…

AXELLE

Merveilleuses? C'est vide, ici, ça sent les pieds. Il y a des quilles… On dirait un bataillon d'imbéciles… Des soldats qui attendent de se faire tirer dessus, au lieu de suivre les ordres, d'avancer vers l'ennemi, pour…

JIM

Blessé, la coupant.

On a refait la peinture l'année passée… (*Rapidement.*) Tu sais d'où ça vient, le nom? Mes parents venaient d'arriver. Ils savaient qu'ici, c'est bilingue! Mon père connaissait un seul mot bilingue: « magique ». En anglais, on dit « magic ». C'est pareil! Un vrai bon mot bilingue!

AXELLE

C'est vraiment stupide, comme nom!

Jim
Surpris et blessé.
Ah oui ?

Axelle
Surprise de l'avoir blessé.
Excuse-moi. Ça m'arrive, des fois, de dire…
Sans terminer, pour se rattraper.
Et puis moi, le bilingue… ce n'est pas ma langue.

Jim
Chez moi, on parle le « trilingue », avec mes parents. (*Songeur.*) C'est peut-être stupide, mais on a des clients. Des familles. Les jeunes la fin de semaine. Moi, j'ai fait toutes mes fêtes ici. Pour ma dernière fête… quand je t'ai rencontrée… (*Changeant de ton.*) Finalement, on peut dire que tu es devenue enceinte en dix-sept heures. (*Se reprenant.*) Pendant dix-sept heures. Je veux dire, pendant ces heures de la nuit, avant les œufs, le bacon et le café. Ça s'est passé dans ces heures-là. Tu es certaine que c'est moi ?

Axelle
Catégorique.
Oui.
Jim la croit tout de suite (il ne doit y avoir aucun doute à ce sujet pendant toute la pièce.)
Je n'ai pas envie d'en parler.

Jim
Avec beaucoup de précaution.
Excuse-moi, mais c'est difficile à ignorer. De quoi on va parler, si on ne parle pas de… ?

Avec vraiment beaucoup de précaution.
… ta bosse ?

AXELLE
Je n'étais pas comme d'habitude. J'avais bu.

JIM
Oui, je sais, tu avais bu. Pourquoi ?

AXELLE
Outrée, sur la défensive.
Parce que ! Pourquoi tu me demandes ça ?

JIM
Parce que chez moi, les filles…

AXELLE
Le coupant.
C'est où, chez toi ? Le pays Magique-Magic ?

JIM
Souriant.
Oui, le pays Magique-Magic… Les filles sont différentes, dans mon pays.

AXELLE
Durement.
Ton nouveau pays, maintenant, c'est le Canada. Tu t'es fait recruter par ton nouveau pays, le Canada. Tu vas te faire tuer pour ton nouveau pays, le Canada.

JIM
Gentiment.
Oui, tu as raison.
Après un silence, cherchant à lui faire plaisir.

Bon. Tu ne veux pas parler et tu ne veux pas que je parle… On se fait une partie ?

AXELLE

Une partie de quoi ?

JIM

Avec évidence, gesticulant pour lui montrer les lieux.

De quilles !

AXELLE

Je ne sais pas jouer.

JIM

Je vais t'apprendre ! J'ai tout prévu, on peut jouer pendant…

Il regarde sa montre.

… Moins d'une heure…

AXELLE

Fermement.

Je ne vais pas rester ici pendant une heure.

JIM

Gentiment.

Donne-moi dix minutes de ton temps, alors.

AXELLE

À contrecœur.

Dix minutes.

JIM

Excité.

Merci !

Axelle
Tu n'es pas obligé de me remercier.

Jim
Je suis immigrant… Pour moi, c'est facile, la gratitude. Tu vas voir… Tu vas être championne de quilles !

Axelle
D'une voix plate.
Merveilleux.

Jim
Blaguant.
Je ne vais même pas te faire payer !
Axelle lève les yeux au ciel et soupire. Jim prend une boule et la donne à Axelle. Celle-ci la lance sur la piste et rate toutes les quilles.

Axelle
S'amusant malgré elle, d'une voix plate.
Et c'est le but.

Jim
C'est le « dé » but, tu veux dire… Je vais t'apprendre. On recommence ?

Axelle
Non.

Jim
C'est parce que tu n'avais pas les chaussures spéciales Magiques.
Avec une moue, regardant les pieds d'Axelle.

Les grosses bottes militaires, pour jouer aux quilles…

Il ne termine pas la phrase.

Axelle reprend une boule, la lance n'importe comment, et rate toutes les quilles.

AXELLE

S'amusant malgré elle.

Et c'est la victoire de la coupe Stanley.

JIM

Tu veux les chaussures Magiques ?

AXELLE

Non.

JIM

Essayant de ne pas aborder le sujet.

Bon. Même sans les chaussures Magiques, on peut réussir. Regarde. J'ai déjà mes grosses bottes d'armée…

Jim prend une boule, se place devant la piste, prend une pose experte, et regarde les pieds d'Axelle.

Dans mon pays, les filles… elles sont différentes. Elles ont des jolis souliers, des jolis habits…

AXELLE

Avec un début d'exubérance.

Dans mon pays, les gars, ils ont des pieds extraordinaires. Les plus beaux pieds de la terre. C'est une idée stupide, de regarder les pieds des gens. Moi, je préfère les regarder dans les yeux.

Axelle et Jim se toisent, puis détournent le regard en même temps. Jim lance la boule et réussit un abat.

JIM

Quand on s'est rencontrés… (*Mal à l'aise.*) Cette nuit

là, quand toi et moi… (*Très vite.*) Tu m'as dit que même un immigrant comme moi pouvait avoir un avenir dans l'armée. Que je pouvais faire ce que je voulais. Même sans argent, pendant quelques années. Avec un bon salaire! Pas le petit salaire que mes parents me donnent… Et après, en échange, l'armée me donnerait une éducation. Pour sortir de… (*Souriant.*). Pour sortir de mon jeu de quilles. Pour vivre ma vie à moi, pas celle de mes parents. Tu vois? Je t'ai écoutée.

AXELLE
Avec un début de sourire.
Bravo. Tu vas voyager – avant moi. Tu as de la chance… Ça a toujours été mon rêve: pouvoir dire au revoir à quelqu'un, puis partir très loin, avec mes bottes. (*S'animant.*) Tu as de la chance, d'avoir immigré. Moi aussi, j'aimerais pouvoir tout laisser derrière moi et recommencer ailleurs.

JIM
Sans vraiment la regarder.
Ah? (*Poursuivant sa pensée.*) Sans toi… Imagine ça… Pas de promotion, pas de pension, pas d'avancement.

AXELLE
Acquiesçant.
Puis maintenant, tu vas être cuisinier. Bravo. (*Reprenant.*) Moi aussi, j'aimerais partir très loin… J'ai été à Granby, une fois, avec l'école. Jamais plus loin que ça…

JIM
Poursuivant sans l'écouter.
Oui. Au début, je vais être apprenti cuisinier. C'était

l'idée de mes parents : « Au lieu d'aller te faire tuer, va donc servir la soupe ! » Je suis fils unique, je suis obligé de les écouter de temps en temps… Mais après… Je ne sais pas, ingénieur, peut-être… Ou autre chose. Tu me l'as dit ! Ici, on peut faire ce qu'on veut ! Ça serait bien, de savoir ce que je veux… Après la nuit des étoiles, ça m'a pris des mois avant de comprendre ce que je ne voulais pas. Maintenant, je dois trouver un bon métier d'avenir.

AXELLE

Avec un sourire.

Tu n'as pas besoin de t'inquiéter. Bientôt, tu seras mort. Ils vont t'envoyer en Afghanistan.

À elle-même, pour reprendre le fil de ses pensées.

Moi, ils peuvent m'envoyer où ils voudront. Je suis prête. Je suis prête depuis ma naissance.

JIM

Comment tu sais ça, toi ?

Ils se regardent, perplexes.

AXELLE

Comment je sais quoi ?

JIM

L'Afghanistan ?

AXELLE

Souriant, en le regardant dans les yeux.

En Afghanistan, un terroriste va mettre des explosifs dans ta soupe quand tu auras le dos tourné.

Jim

À la blague

Le spécial du jour : « Kaboum ! »

Axelle

Kaboum à Kaboul, la capitale.

Jim rit. Axelle sourit franchement.

Jim le cuisinier, tué en Afghanistan par un terroriste mal-aimé par sa mère.

Jim

Ah ? Les terroristes ont des mamans qui ne sont pas gentilles ?

Axelle

Oui… Tant mieux pour nous, parce que sans ces méchantes mamans, il n'y aurait pas de terroristes, il n'y aurait pas d'armée canadienne, et je ne pourrais pas aller à la guerre, bientôt, pour avoir le plaisir de les massacrer.

Silence. Jim semble désemparé. Axelle le regarde avec satisfaction.

Jim

Avec effort.

Oui, tu me l'avais dit. Tu vois ? Je t'écoute très bien. Tu peux me faire confiance. Ton métier d'avenir, c'est l'armée.

Axelle

La guerre. Le combat. Les stratégies. Les armes.

Jim

Il ne la comprend pas.

Chez moi… au Magique-Magic… les filles sont différentes. Pourquoi tu veux faire la guerre ?

Axelle

Avec colère.

Si j'étais un garçon, tu me la poserais, cette question ? Non.

Voulant tout de même qu'il la comprenne.

Quand j'étais petite, je jouais avec des fusils et des tanks. Et mes grands-parents – je ne les ai jamais vus, ils habitent en Alberta…

Jim

L'interrompant en haussant les épaules.

Moi non plus, je n'ai pas connu mes grands-parents.

Axelle

Ce n'est pas pareil.

Jim

Oui, c'est pareil. On a tous les deux grandi sans connaître nos grands-parents. (*Indifférent.*) On n'en parle jamais, chez moi. Je pense que le père de ma mère était militaire. Il est mort… Comment il est mort, déjà ? Une mauvaise mort de militaire. C'est pour ça que mes parents ne sont pas très contents que je parte. Ils savent que des fois, ça finit mal, la guerre. (*Plus sombre.*) Moi aussi, je sais ça.

Axelle

Bravo. Tout le monde sait ça. (*Avec insistance.*) Je disais que mes grands-parents – les miens, ils ne sont pas morts, ils sont encore vivants. Je ne sais pas pourquoi, mais quatre années de suite, ils m'ont envoyé une Barbie. Ma mère a insisté pour que je joue avec. Bon. La première Barbie... elle était en mission secrète dans la jungle, quand elle est tombée dans un tunnel Viêt-Cong. On a retrouvé son corps dans la rivière Saigon – les jambes et les bras arrachés. La deuxième était casque bleue. Elle a eu une médaille des Nations Unies avant de disparaître quelque part près de Sarajevo. La troisième...

JIM

La coupant.

Elle s'est mariée avec le Prince Charmant, c'est ça ?

Axelle fait un geste colérique.

Jim, résigné.

D'accord. Parle-moi de tes Barbie.

AXELLE

Piquée au vif.

Chez toi, les filles, elles font quoi ?

Jim fait signe qu'il ne le sait pas et qu'il ne veut pas le savoir.

Axelle, exaspérée.

C'est fatigant d'entendre ça à chaque phrase. « Chez moi, on fait comme ça. » « Dans mon pays, ce n'est pas pareil. » On s'en fout, de ton pays ! Chez moi, ici même, là où tu habites maintenant, les filles ont le droit de vouloir se dépasser. De vivre... vivre vraiment. Une fille peut piloter un hélicoptère. Elle peut aider les autres pays. Participer à des missions humanitaires. (*Changeant de ton.*) C'est pour ça que tu voulais me voir ? Pour me faire passer un interrogatoire ?

Jim

Oui, un peu. Justement, j'aimerais savoir… Par rapport à ta bosse…

Axelle

Arrête, avec tes questions.

Jim

Du fond du cœur.

Écoute… Je suis le père de… de…

Ne sachant pas comment nommer l'enfant à naître.

De mini-Magique-Magic… et on ne se connaît même pas. Ça fait des mois que j'essaie de te parler. (*Subitement.*) C'est toi qui m'as donné ton numéro de téléphone !

Axelle

Oui, mais après, quand je suis rentrée chez moi, j'avais déjà regretté. Écoute, Jim, j'ai eu dix-sept heures… vraiment belles. Mais ce n'est pas ce que je veux. Je veux une carrière militaire. Maintenant. (*Songeant à son ventre.*) Dans pas longtemps, en tout cas.

Jim

Et moi, quand je t'ai appelée, j'aurais voulu que… J'aurais voulu qu'on soit ensemble.

Axelle

Troublée.

Non.

Jim

Poursuivant.

Bon. J'ai essayé de te téléphoner, et essayé encore, et tu ne m'as jamais répondu. Alors tu sais ce que j'ai fait ? J'ai repensé à tout ce que tu m'avais dit, j'ai trouvé le site Web de l'armée, j'ai chatté en direct avec un recruteur, puis j'ai rempli le formulaire.

AXELLE

Bravo ! Tu as appris à lire et à écrire ! Tu es un bon petit immigrant.

JIM

En colère.

J'ai aussi appris à parler au téléphone. Allô ? Allô ? Axelle ? Non ? Elle n'est pas là ? Elle est encore partie ? Trop occupée ? Elle ne peut pas venir au téléphone, dire un mot ? « Bonjour », par exemple ? (*Sans retenue.*) Comment ça se fait, qu'elle ne sait pas être polie et aimable comme tous les Canadiens, la belle Axelle ?

Gros silence désagréable.

Essayant de se calmer.

C'est toujours ta mère qui répond. Je suis fatigué de lui parler… !

Changeant de sujet, montrant le ventre d'Axelle.

Tu lui as trouvé un nom ?

AXELLE

Ironique.

À qui ? À ma mère ?

JIM

Non. Au bébé.

Long silence.

AXELLE

Prenant son temps, avec satisfaction.

Oui. Je l'appelle Merde Alors.

Jim
Comment ?

Axelle
Merde Alors. Comment tu trouves ça ?

Jim
Pas très beau. Difficile à traduire dans ma langue natale. J'ai des cousins… ils vont se moquer de moi quand ils vont apprendre le nom de…

Axelle
Vraiment ? Comment tu l'appellerais, toi ?

Jim
Dans un souffle.
Don de Dieu.

Axelle
Comment ?

Jim
Don de Dieu. Comment tu trouves ça ?

Axelle
Très, très bien.

Jim
Surpris.
Vraiment ?

Axelle
Satisfaite.
Oui, c'est parfait. « Merde Alors Nom de Dieu », c'est mieux que « Merde Alors ». Plus long.

Se répétant le nom à elle-même.
« Merde Alors Nom de Dieu ». Oui. Parfait.

JIM
Non, pas nom d (*La corrigeant.*) « Don » !

AXELLE
Satisfaite.
Nom de don ? J'aime moins ça. C'est trop exotique.

JIM
« Don » !

AXELLE
Jouant.
Non ?

JIM
« Don » !

AXELLE
Jouant.
Oui. Je l'imagine très bien. Il a cinq ans. Il fait une grosse bêtise. Je lui crie après : « Merde Alors ! » Il fait semblant de ne pas m'entendre. Je l'appelle par son nom au complet : « Merde Alors Nom de Dieu ! » Il se retourne. Il s'excuse. Je l'engueule. Les enfants, on les élève comme ça, surtout…

JIM
La coupant, subitement en colère.
Ah ? C'est toi qui vas l'élever ?

Axelle

Poursuivant, en colère.

… Surtout les garçons.

Le regardant avec insistance.

Si on les élève trop gentiment, ça devient des lavettes.

Jim

Toujours furieux, mais avec espoir.

Ah ? C'est un garçon ? Dans mon pays, c'est mieux, les garçons. On est fier, quand on attend un garçon.

Subitement, en cherchant ses mots.

Tu as fait… Le test de fille ou garçon ? Les filles, dans mon pays, c'est moins bien, mais c'est bien quand même. Regarde, toi tu es une fille, et je te trouve très bien.

Axelle

Poursuivant.

Si c'est une fille, elle aura des jouets de fille. Des bombes, des grenades, des tanks, une mitrailleuse, un lance-roquettes. Peut-être une vieille Kalachnikov AK-47, au début, quand elle sera petite… Pour s'amuser dans le sable… Pour se débarrasser des marmottes au printemps. Puis un fusil C7, un fusil C3A1…

Jim

La coupant, déçu.

Ah ! Tu ne sais pas si c'est une fille ou un garçon…

Axelle

Avec satisfaction.

Et si c'est un garçon…

Jim
Rêveur.
Un petit garçon… Exactement comme moi, quand j'étais un petit garçon…

Axelle
Avec satisfaction.
Il va jouer avec des Bratz, des Polly-Pocket, des poupées, du vernis à ongles…

Jim
Jouant à moitié.
Merde alors…

Axelle
Soudain très triste.
Oui, merde alors…
Silence.
Très triste.
Quand j'ai appris que…
Regardant Jim avec un début de tendresse.
Quatre mois après la nuit des étoiles…

Jim
Ah ! Tu l'appelles comme ça aussi !

Axelle
Gentiment.
Non, je dis ça pour que tu me comprennes.

Jim
Sérieux.
J'ai jamais connu ça : une fille, tu lui parles, elle te comprend exactement comme tu veux. Elle te parle, tu

la comprends aussi… On a eu des moments comme ça, hein, pendant la nuit ? Pas des tonnes, mais il y a eu des moments où on était ensemble. Vraiment ensemble.

AXELLE

Pas une tonne. Mettons qu'on en a eu quelques-uns. (*Reprenant.*) Quand j'ai compris que j'étais enceinte… J'allais avoir dix-huit ans, je n'avais plus besoin de la signature de ma mère, j'étais prête. Tu sais ce que j'ai fait ? J'ai appelé un recruteur.

JIM
Doucement.

Qui ?

AXELLE

Un recruteur. Je l'ai appelé, et…

JIM
La coupant.

Voyons donc, Axelle ! C'était moi qu'il fallait appeler, pas un étranger ! Il fallait me téléphoner à moi, au père de ton enfant ! J'aurais été là, pour toi !

AXELLE
Avec impatience.

Je voulais te dire que quand j'ai compris que j'étais enceinte, je l'ai appelé pour m'assurer qu'ils pouvaient me prendre quand même. Il m'a dit que… Bon. Je devais attendre. Un jour, je veux aller en Afghanistan, ou au Darfour, ou en Iraq. Un pays où ça va mal. Quand j'avais seize ans, j'aurais pu faire partie des forces de réserve, mais je voulais la vraie armée. À dix-sept ans, j'aurais pu m'enrôler, mais ma mère ne voulait pas signer.

Jim
Elle est comme mes parents, elle ne veut pas te perdre.

Axelle
Elle n'est pas du tout comme tes parents. Elle s'est toujours débrouillée toute seule. C'est ce qu'elle m'a dit : « Ce n'est pas mon problème. » Alors j'ai été obligée d'attendre mes dix-huit ans. J'ai attendu… Et maintenant… Maintenant je dois attendre encore.

Jim
Toujours exaspéré.
Tu voulais aller en Afghanistan… enceinte ?

Axelle
Souriant.
Pourquoi pas ? Là-bas, ils ont une guerre très polie. Personne ne tire sur les femmes enceintes. (*Avec un sourire.*) Ni les cuisiniers, paraît-il…

Jim
N'en revenant toujours pas.
Avec un bébé dans le ventre ? Avec mon bébé dans le ventre ? Tu voulais aller te faire tuer en Afghanistan ?

Axelle
Ce que tu dis là, Jim, c'est de la discrimination.

Jim
De la quoi ?

Axelle
Je trouve que c'est politiquement incorrect d'obliger les femmes enceintes à rester chez elles, prisonnières, dans leur propre appartement.

Jim
N'en revenant toujours pas.
Voyons donc ! Quand une femme est enceinte, elle a la vie ! Je veux dire que… Elle a deux vies !

Axelle
Et puis alors ?

Jim
Si ta vie à toi ne compte pas… ce n'est pas juste pour le petit bébé…

Axelle
Le corrigeant.
Le fœtus.

Jim
Le fœtus bébé qui n'a pas demandé la guerre…

Axelle
Oui, mais moi, je n'avais pas demandé le bébé.
Silence.

Jim
C'est vrai.

Axelle
Essayant d'adoucir sa pensée.
Alors, ce n'est pas juste pour la petite maman de ne

pas vivre sa vie comme elle le veut. Je devrais avoir le droit de faire la guerre. Tout ce que fait une femme pas enceinte, je peux le faire. Je suis vraiment en forme !

JIM
Accablé.
Vraiment ?

AXELLE
Vivement.
Vraiment !
Silence.

JIM
Accablé.
Es-tu seulement capable de rester debout cinq minutes sans courir aux toilettes ?

AXELLE
Oui !

JIM
Comment tu vas faire pour ramper vers l'ennemi ?

AXELLE
En me mettant par terre, comme tout le monde !

JIM
Tu vas ramper sur le côté droit, ou le côté gauche ?

AXELLE
Une femme enceinte peut courir un marathon, si elle veut ! Je continue ma routine comme avant. Je fais tout comme avant.

JIM
Comment tu vas faire pour monter dans un tank?

AXELLE
Je vais faire passer mes pieds, puis le reste.

JIM
As-tu seulement vu la grosseur du reste?

AXELLE
Quand je rentre le ventre, j'ai l'air plus mince. Regarde…

Axelle rentre le ventre.

JIM
Ton ventre est rentré?

AXELLE
Oui.

JIM
Serre les muscles un peu plus…

AXELLE
Je serre…

JIM
Maintenant relâche les muscles.

Axelle s'exécute.

C'est bien ce que je pensais.

AXELLE
Quoi?

Jim
Entre le ventre rentré et le ventre sorti, il y a zéro de différence.

Axelle
Combien ?

Jim
Zéro.

Axelle se met à rire pour la première fois, d'un rire très franc et très gai. Jim la regarde. Il semble séduit par Axelle.

Pour une fille de guerre, tu as des moments… très féminins.

Axelle
Qu'est-ce que tu veux dire ?

Jim
Que les filles soldats – les soldates ? elles sont… C'est dur à expliquer, à quoi ça ressemble, une soldate.

Axelle
Dans ma tête, les cuisiniers sont des enfants qui tremblent devant leurs parents. Et ils ont un drôle d'accent.

Jim
Furieux.
Mais toi aussi, tu as un accent !

Axelle
Haussant les épaules.
Ça vient de ma mère. Ce n'est pas de ma faute et je

n'aime pas en parler. De toute façon, tout le monde a un accent.

JIM
Excuse-moi... Je ne voulais pas te fâcher. J'aime mieux te faire rire. Tu es tellement sérieuse. Quand tu te mets à rire, c'est comme un soleil qui éclaire tout.

AXELLE
Sans animosité.
Peux-tu garder ton soleil pour les filles de ton pays ? Les filles d'ici... on n'aime pas se faire parler comme ça.

JIM
D'accord, à partir de maintenant, je vais... (*Cherchant.*) Je ne sais pas comment je vais te parler, mais ça va changer. Je suis très gentil, tu sais. Demande à mes parents.

AXELLE
Ça ne me tente vraiment pas de rencontrer tes parents. Mais c'est vrai. Tu es gentil.

JIM
On a tout de même passé une nuit ensemble ! Et on n'a même pas dormi...

AXELLE
Souriant.
Non, on n'a pas dormi. L'alcool, ça réveille !

JIM
Fanfaron, songeant à sa performance.
Tu m'as trouvé pas mal réveillé, hein ?

AXELLE
Sourire en coin.
Endormi dans la vie, réveillé au lit…

JIM
Moins fanfaron.
Merci…

AXELLE
Si on avait dormi… au lieu de… On n'aurait pas ce petit… fœtus-bébé-casse-guerre.
Silence.

JIM
Subitement.
« Un gars comme toi, j'en ai jamais rencontré ! » C'est ce que tu m'as dit.

AXELLE
Oui, c'est vrai, j'ai dit ça.

JIM
C'est ce que je voulais entendre aujourd'hui. J'avais peur que tu m'oublies.

AXELLE
Montrant son ventre.
Ma mémoire, elle est ici.

JIM
Montrant son cœur.
Moi, j'aurais voulu que tu te souviennes de moi, ici…
Silence troublé d'Axelle. Jim s'en rend compte.
Bon. Mais je ne suis pas un imbécile total. Tu ne voulais pas de moi… Bon – d'accord ! J'avais ma

vie, mes amis, mes parents, mes quilles. Mon nouvel avenir dans l'armée. Et puis je t'ai presque oubliée… (*En exagérant beaucoup.*) Même si j'avais le cœur cassé en petites miettes. Torpillé. Éclaté. Explosé. Je t'avais presque oubliée ! Et par hasard, un jeudi soir à Saint-Laurent, j'ai rencontré ton amie… Marie ? Marie-Lou ? Marie-Marie ?

AXELLE

Tara. Je sais. Pas besoin de me raconter…

JIM

Sans l'écouter.

Ah. C'était vers huit heures, huit heures et demie, juste avant la fermeture des magasins. Elle achetait un CD. (*Essayant de se souvenir.*) Qu'est-ce qu'elle achetait ? « Arcade Fire » ou « Alexisonfire » ? M'en souviens plus. Un groupe de feu, en tout cas. (*Poursuivant.*) Elle était à la caisse, avec son porte-monnaie. Elle m'a raconté que… (*Sans terminer.*) Quand j'ai appris ça ! Quand ta copine « Tari »… euh… Tari-Mara… elle m'a dit que… que j'étais… l'heureux papa… de ton fœtus…

AXELLE

Ou le coupable…

Silence.

JIM

Je vais quand même te poser la question. Excuse-moi d'avance. Toi qui veux massacrer tous les terroristes de la planète, tu n'as pas pensé à… ? Je veux dire, quand tu pouvais, dans les premiers mois ?

AXELLE

Voyons donc! Et les droits de la personne, dans tout ça? J'ai déjà la mentalité «armée». Je pense comme si j'étais déjà dans l'armée. À quoi tu penses que ça sert, une présence militaire, une action militaire? À sauver des vies! Le droit de vivre, c'est pourtant simple à comprendre! As-tu déjà vu les pubs des Forces armées? Les anciennes, qui disaient «Si la vie vous intéresse?» C'est la vie qui compte! Puis tous ces soldats qui sauvent les vieux et les enfants? «Combattre la peur, le chaos, la détresse»! C'est dans la pub! Et tous ces soldats qui se battent pour un monde meilleur, même s'ils ont peur? C'est toi qui as la chance d'être enrôlé, puis c'est moi qui dois te vendre l'idéal militaire…

JIM

La vie m'intéresse beaucoup. C'est pour ça que j'aimerais mieux que ce soit les autres qui combattent. Mais je n'ai pas le choix. Est-ce que tu peux me donner de l'argent pour des études de trois-quatre ans? Non. Bonjour, l'Afghanistan. (*Reprenant.*) Je ne la connais pas, Marie-Marie.

AXELLE

Tara.

JIM

C'est l'amie de Fadel. Et Fadel, c'est l'ami de Richard. Lui, je le connais un peu. Je crois que c'est lui qui l'avait invitée. Et c'est Marie-Marie qui t'a invitée, toi. Pour venir fêter chez moi, Jim.

Essayant de contenir son excitation.

Imagine ça! Moi, Jim, papa!

AXELLE
Jim, c'est même pas ton vrai nom.

JIM
Le vrai nom des immigrants, ça reste un secret militaire. Quand on arrive ici, on s'appelle tous Jim ou Bob. Parce que mon vrai nom, c'est Tran-Chang-Ahmed-Jalil-Vishou-Abdi-Anbalagan-Mayilsâmi-Woodmaël-Pekin-Istanboul-Josélita.

Jim rit.

AXELLE
Tu me l'avais déjà faite, ta farce.

JIM
Oui, mais une bonne farce, ça reste drôle. Même la deuxième fois.

Il se met à rire.

Regarde… (*Riant.*) Moi, je me la fais tous les matins, et je ris encore… Ha, ha, ha! Mon vrai nom, c'est aussi difficile à dire que le nom de ta copine Tari… Mata-Tari!

Axelle sourit malgré elle. Jim lui tourne le dos, regarde discrètement sa montre avec inquiétude, tout en continuant à rire.

AXELLE
Je me souviens de toi comme ça… Tu es… assez sympathique. Mais… il faut que je parte.

JIM
J'ai une idée!

Axelle
Si on jouait aux quilles, c'est ça ?

Jim
Heureux.
Oui !
Il se prépare à lancer une boule.
Tu vas aimer ça, les quilles. C'est un jeu d'adresse et de stratégie.

Axelle
Intéressée.
Ah ? Il y a une stratégie ?

Jim
Content.
Oui. Les quilles, ce n'est pas juste un jeu avec une boule et des quilles. Il faut penser.

Axelle
Penser à quoi ?

Jim
À faire tomber les quilles.
Axelle rit. Jim réussit un abat.
J'ai joué des milliers d'heures. Ma stratégie, je peux te la dire : je joue pour gagner.

Axelle
Riant.
Tu vas être un bon cuisinier. Comme soldat, je ne sais pas…

Jim

Je vais t'apprendre !

Jim fait signe à Axelle d'approcher. Axelle s'approche de Jim, qui lui prend les mains. Axelle recule.

Jim, en lui reprenant les mains.

Pour gagner, il faut avoir les bonnes mains. Les bons doigts.

Axelle recule. Jim recule à son tour.

Faussement inquiet.

Je suis assez loin ? Ça va, la bulle ?

Axelle

Riant.

Non ! Encore plus.

Jim

Sans bouger.

D'accord !

Jim ne bouge pas.

Axelle

Enjouée.

Tu recules ?

Jim

Qui ne bouge pas.

Oui !

Axelle

Enjouée, mais troublée.

D'accord, d'accord…

Jim

Étendant le bras.

Je peux presque te toucher…

Axelle ne bouge pas.

AXELLE
Troublée.
Tu parlais de stratégie ?

JIM
Très doux.
J'aimerais beaucoup ça, te toucher…

AXELLE
Et ma bulle ?

JIM
Très doux.
On pourrait la partager… On pourrait être ensemble, tous les deux, dans la même bulle…
Silence. Axelle se couvre subitement le visage.

AXELLE
C'est tellement quétaine, ce que tu viens de dire !

JIM
Reculant, blessé.
Toi, tu trouves que le monde entier est quétaine. La guerre, pour toi, c'est la seule chose qui…

AXELLE
Le coupant.
De quoi on parlait ? Ah oui, de stratégie. Pendant la Deuxième Guerre mondiale, l'armée canadienne a participé à la victoire contre l'Allemagne. Tu sais les questions que Mackenzie King a dû se poser ? Les questions, c'est : Combien on envoie de brigades ; Combien on envoie de divisions ; Où, et à quelle heure ? Le déploiement et le repli des troupes – l'arrivée

et le départ. Prévoir les coups de l'ennemi. C'est ça, une stratégie.

JIM
Toujours blessé.
Tu as raison… Finalement, les quilles, un singe alcoolique peut jouer à ça. Mes parents ont donné toute leur vie pour ça : une boule et des bâtons. (*Changement de ton.*) Je pensais que je voulais faire comme eux… J'étais un bon garçon obéissant avant de te rencontrer. Tu as changé ma vie, Axelle.

AXELLE
Tu as pas mal changé la mienne aussi.

JIM
Oui… Je m'excuse.

AXELLE
Doucement.
C'est ma faute à moi aussi…
Encore plus doucement, ne voulant plus partir.
Il faut que je parte.

JIM
Attends ! Regarde… Les quilles…
Trouvant enfin une idée.
Les quilles !
Il prend le bras d'Axelle avec autorité, et la plante dans l'allée, devant les quilles.
Tu les vois ?

AXELLE
Souriant.
Oui… (*Pour jouer.*) Oh ! Des quilles !

Jim

Fier de lui.

Non, ma belle Axelle ! Chaque quille que tu vois, devant toi, c'est un terroriste !

Axelle

Souriant.

Ah ? Ça m'intéresse.

Jim

Regarde... Il y en a cinq ! Un méchant terroriste, mal-aimé par sa maman, qui se prépare à te faire sauter avec une bombe. À côté de lui, c'est son copain, un affreux terroriste – sa maman le déteste – il veut te faire sauter, toi, ta famille...

Axelle

Le coupant.

Je n'ai pas vraiment de famille. Seulement ma mère.

Jim

Toujours sur le même ton, ne voulant pas arrêter le jeu.

Tu me l'as dit. Tes grands-parents ne te parlent même pas, ta mère t'a élevée toute seule, bla, bla, bla...

Axelle se raidit. Jim ne s'en rend pas compte.

Je continue. Regarde ! À côté du premier terroriste...

Axelle

Sèchement.

J'ai compris. C'est un autre affreux. Bla, bla, bla...

Jim

Mais tu ne vas pas le laisser faire ! Tu prends ta boule... (*Démontrant.*) Tu prends la bonne position. (*Démontrant.*) Tu te concentres. (*Démontrant.*) Pas trop longtemps, la concentration. Ça donne mal à la tête. Et puis… Tu as une boule Magique-Magic qui va tout détruire sur son passage !

Jim lance la boule sans toucher une seule quille. Il lance un cri de défaite.

Feignant d'être bouleversé.

Jamais… Jamais, jamais… Ce que tu viens de voir, ça ne m'est jamais arrivé. Jamais. Je suis le champion, ici. (*Jouant.*) On entend des bruits d'explosion ! Tout saute ! C'est un champ de bataille ! Et puis… silence. C'est vide, c'est laid, ça sent les pieds ! Les terroristes viennent de gagner.

AXELLE

Grave.

Je serai générale, un jour. Pour gagner contre l'horreur.

JIM

Une « fille-générale », ça existe ?

AXELLE

Il y aura moi, un jour.

Le regardant dans les yeux.

Aujourd'hui… c'est le dernier jour. On ne se verra jamais plus, après.

JIM

Voyons donc ! Tu ne peux pas dire ça ! On est liés pour la vie, maintenant !

AXELLE

Sans relever.

Je suis venue, parce que tu étais si persistant. Un gars

qui téléphone tous les jours… Ma mère, au début, elle disait que tu étais désespéré. Peut-être un malade mental. Dangereux. (*Elle rit.*) C'est parce qu'elle ne t'a pas rencontré ! Tu es moins dangereux qu'un poussin.

JIM
Pas impressionné.
Merci…

AXELLE
Poursuivant.
Quand je t'ai vu, la première fois… (*Changeant de ton.*) Je n'ai pas l'habitude de m'amuser. J'ai travaillé fort toute ma vie, pour avoir des bonnes notes, pour être en forme, pour m'instruire, pour avancer. Et puis – ça fait un peu Disney, ce que je vais te dire – mais quand je t'ai vu, j'ai senti… quelque chose. Et tu m'as dit : « Je m'appelle Vish-Tro-Mid-quelque-chose, mais mon vrai nom, c'est Jim. »

JIM
Agréablement surpris.
Ah ? Ça marche, ma petite farce ? Tout à l'heure, tu disais le contraire.

AXELLE
Souriant.
Non, ça ne marche pas du tout. Ce qui marche, c'est ton air de… (*Cherchant ses mots.*) Ton sourire, et ton air de pantin…

JIM
Désagréablement surpris.
Mon air de… quoi ?

Axelle
Je ne dis pas ça pour te faire de la peine. Un pantin, c'est un jouet…

Jim
Un jouet comme un fusil?

Axelle
Non, un jouet comme une promesse de bonheur. Je l'ai essayé, le bonheur, pendant dix-sept heures. Ce n'est pas pour moi. Je ne peux pas tout laisser tomber, tout abandonner pour une promesse! C'est pour ça que je n'ai pas voulu te parler. J'ai vu le bonheur de près, et…

Jim
Et quoi? Tu ne vas pas me dire que tu es contre, non? Personne ne peut dire ça! «Bonjour madame, je vous propose du bonheur!» «Non merci, je n'aime pas ça!» Voyons donc!

Axelle
Mais oui, on peut dire ça. On peut dire: «Je n'ai pas le temps aujourd'hui, revenez dans vingt ans.»

Jim
Axelle, sérieusement, je ne peux pas t'attendre pendant vingt ans!

Axelle
Sans relever.
C'est bizarre, hein? Toi, le fils d'immigrants, avec ton allée de quilles, tu respirais le bonheur. Et moi, une fille d'ici, quand j'ai vu ça… J'ai eu envie de… de te parler. (*Elle rit.*) Mais tu m'as tourné le dos! Et tu es parti!

Jim
J'ai fait ça à une belle fille, moi ?

Axelle
Amusée.
Oui ! Quelqu'un t'avait appelé.

Jim
Qui ça ?

Axelle
Je ne sais pas. Ce n'est pas important.

Jim
J'essaie de me souvenir… Il y avait beaucoup de monde, surtout au début, avant que tout le monde parte et qu'on reste seuls tous les deux. J'étais l'hôte de la soirée, j'ai dit « bonjour » à pas mal de gens que je n'avais jamais vus de ma vie. Un grand brun, avec les oreilles décollées ?

Axelle
Je t'ai dit que je ne savais pas. Peut-être.

Jim
Si c'était lui, c'est Jeffrey. Je le connais depuis que je suis arrivé ici. Il est incapable de rester tout seul une seule minute.

Axelle
Bon. Quand tu m'as tourné le dos, puis que tu es parti voir…

Jim

La coupant.

Un autre grand, avec un visage pas mal oriental ? Ça, c'est Chu-Yung.

Axelle

Je ne sais pas comment il s'appelle, puis je ne veux pas le savoir ! C'était à toi que je voulais parler, pas à tes copains !

Jim

Très content.

Ah oui ?

Axelle

Oui.

Jim

Satisfait.

Continue !

Axelle

C'est ce que j'essaie de faire. Bon. Quand tu es parti, je me suis dit : « Il faut que je le rattrape ! » Je n'avais jamais fait ça, rattraper un gars. Tara est arrivée avec deux bières, juste à ce moment-là. J'ai pris les bouteilles... Puis je t'ai rattrapé...

Regardant autour d'elle.

Juste là.

Jim

Doucement.

L'allée numéro sept !

Axelle
Puis je t'ai donné une bière en disant…

Jim
La coupant.
« Veux-tu une bière? » Je m'en souviens, parce que ce n'est pas très romantique, ta phrase, pas très « Disney », mais ça marche très fort avec les gars, une phrase comme ça… Je pensais que c'était là qu'on s'était rencontrés. J'avais oublié ma petite farce. (*Poursuivant.*) Et là tu m'as dit: « Je n'ai pas l'habitude de boire. » Ça aussi, c'est une bonne phrase. Quand un gars entend ça…

Axelle
Souriant.
Là, tu fais le pantin. Toi non plus, tu n'avais pas l'habitude de boire.
Silence rêveur.

Jim
Réfléchissant.
Finalement, toi et moi…

Axelle
Le coupant.
On n'avait jamais vraiment bu ni l'un ni l'autre.

Jim
Acquiesçant.
C'était peut-être ça, l'erreur.

Axelle
Oui, on aurait dû commencer à boire plus tôt.

Jim
Dans la même veine.
À la naissance…

Axelle
Oui ! Donne-moi pas le biberon, maman, passe-moi la vraie bouteille !

Jim
… Si on avait commencé à boire plus tôt…

Axelle
Le coupant.
Sans glace ! Avec une olive au lieu de la tétine !

Jim
… Si on avait bu toute notre enfance…

Axelle
Je ne veux pas de lait dans mes Cheerios, je veux de la bière !

Jim
Poursuivant.
… On aurait été prêts !
Ils rient tous les deux.
Regardant Axelle.
Finalement, tu es assez comique. Je me souviens de ça… Même quand tu étais totalement, absolument, merveilleusement ivre morte…

Axelle
On a bu deux bières chacun…

JIM

Ne voulant pas passer pour une lavette.

Oui, mais on les a bues très vite !

Axelle rit, puis son visage se referme.

AXELLE

Tu sais... Quand je suis revenue chez moi... ma mère dormait. Dimanche, deux heures de l'après-midi, ma mère dormait. Elle ne faisait pas la sieste, elle faisait sa nuit, comme un bébé confus. Le samedi soir, elle sort, elle va chez Malley's, et elle boit. Elle fait ça le vendredi soir, aussi. Elle dit qu'elle est obligée de boire. Pour sentir la vie, pour ne pas croire qu'elle est déjà morte. C'est son droit.

JIM

Oui, tu m'avais dit ça...

AXELLE

Je ne veux pas devenir cette femme-là. J'ai un plan. Depuis toujours, c'est le même. Je veux qu'on me fasse travailler si fort que toute ma vie j'aurai l'impression d'avancer, de bouger, de compter pour quelqu'un. Je veux me réveiller à cinq heures tous les matins, pour ne pas perdre une seule seconde de ma vie. Je veux une carrière militaire. Je veux faire du parachute...

JIM

La coupant.

Et moi, dans tout ça ?

AXELLE

Simplement.

Tu ne fais pas partie de mon plan. (*Songeuse.*) Avec toi...

Axelle regarde Jim rêveusement.

Un gars… Pas trop laid…

JIM

Merci.

AXELLE

Ni trop gros ni trop maigre.

JIM

Merci pour le compliment.

AXELLE

Un gars joyeux, drôle.

JIM

Se rapprochant.

Tout le monde est d'accord là-dessus.

AXELLE

J'étais bien avec toi. Comme si j'apprenais à respirer…

JIM

J'aime beaucoup respirer. C'est bon pour la santé.

AXELLE

Se détournant à moitié.

Oui mais… Ton plan à toi, c'était : « Je vais jouer aux quilles toute ma vie. » « Je suis déjà heureux » – tu m'as dit ça –, « alors je ne veux pas chercher plus loin ».

JIM

Oui, mais regarde !

Montrant ses bottes d'armée.

Je pars aujourd'hui ! J'ai changé de plan ! Je ne veux plus être simplement heureux, je veux… (*Cherchant.*)

Comment tu m'avais dit ça? (*Jouant.*) «Devenir un actif militaire pour aider les éléments sociétaires?»

AXELLE
Riant.
Non! Je n'ai jamais dit ça!

JIM
Jouant.
«Aider la société dans les éléments militaires?»

AXELLE
Tu changes tout... Tu prends quelque chose de sérieux, d'essentiel, comme la société. Puis tu fais une pirouette. Et tout d'un coup, la société devient quelque chose de très drôle, de vraiment inutile, une excuse pour s'amuser. Je ne veux pas de ta poudre Magique-Magic, qui change tout, qui transforme tout!

JIM
La prenant par les épaules.
Oui, mais regarde! Je vais être une recrue de cuisine pour servir la société des «soldates-colonels», oui, mon caporal! C'est toi qui m'as changé, Axelle! Mes parents veulent te tuer, parce que, à cause de toi, je vais aller à la guerre! «On n'a pas échappé à une vie de malheur pour que tu retournes là-bas te faire assassiner!» Et ma mère... elle me dit: «Ton Axelle...» (*Sans terminer.*) Non, je ne peux même pas te dire comment elle t'appelle. Quand elle parle de toi, elle peut t'insulter en trois langues! Avant Axelle, d'après elle, la vie, c'était vraiment bien! Après Axelle, c'est...
Jim se tait.

AXELLE
C'est quoi ?

JIM
Doucement.
Ce n'est pas très bien…

AXELLE
Doucement.
Ah oui, maintenant, tout ça, c'est de ma faute…

JIM
Doucement, approchant son visage du sien.
C'est peut-être un petit peu de ma faute aussi…

AXELLE
Doucement.
Si on disait : cinquante pour cent pour toi, et cinquante pour cent pour moi ?

JIM
Doucement.
C'est acceptable.
Ils s'embrassent longuement, avec beaucoup de tendresse.

AXELLE
Doucement.
C'est acceptable.

JIM
Je suis d'accord.

AXELLE
Je savais qu'on allait s'embrasser… Tant pis pour ma bulle…

Jim

On peut recommencer…

Ils s'embrassent à nouveau.

Finalement, cinquante pour cent plus cinquante pour cent, ça fait du cent pour cent. Toi plus moi…

Axelle

Tristement, montrant son ventre.

Ça fait… ça.

Jim

Ça…

Après avoir discrètement regardé sa montre.

Est-ce que c'est obligé d'être une catastrophe ?

Axelle se détache de Jim.

Axelle

Je sais ce que tu vas dire. (*Elle soupire.*) Je n'aurais pas dû t'embrasser.

Jim

S'approchant.

Mais oui, tu aurais dû ! C'est le mot « catastrophe » qui t'a fait peur. Je ne vais plus rien dire…

Jim regarde sa montre.

Pendant cinq minutes… Le temps qu'on s'embrasse…

Axelle

Le regardant intensément.

Après moi… est-ce qu'il y en a eu d'autres… ?

Jim

Surpris.

Non !

Soudain très méfiant.
Et toi… après moi… ?

Axelle
Non. Je n'avais pas le temps.
Axelle se détache de Jim.

Jim
Heureux.
Tu vois ! On est restés fidèles ! Je le savais qu'il y avait quelque chose de vrai entre nous deux, je le savais ! Tu ne peux pas dire le contraire !

Axelle
D'accord.

Jim
Poursuivant.
Écoute… On pourrait, toi et moi…
Jim se penche vers Axelle et l'embrasse. Elle le repousse après un court instant.

Axelle
Doucement.
Je ne peux pas. Je ne peux vraiment pas…

Jim
Mais pourquoi ?

Axelle
S'éloignant de lui.
Toi et moi, comme tu dis, c'était seulement pour… (*Sans terminer.*) Je voulais voir… la vie de ma mère. (*Émotive.*) Pourquoi tu penses que j'avais bu ? Ça ne m'arrive jamais ! Une mère alcoolique, si tu crois

que ça donne envie de boire… ! C'est le contraire ! Mais ce soir-là, avant de partir se soûler au bar, elle m'a encore dit une vacherie… Et j'ai pensé : « Je suis la fille de ma mère. » C'est moi qui ai téléphoné à Tara – je savais qu'elle était invitée à une fête. Je lui ai dit : « Emmène-moi quelque part, ma mère a gagné. » Après la première bière, j'avais déjà perdu la tête, et après la deuxième… Le lendemain, j'étais enragée ! Je refuse d'être faible comme elle, je refuse ! La fête, l'alcool, je refuse ! Et même l'amour – elle, elle ne connaît pas ça, elle ne connaîtra jamais ça ! Même l'amour, j'ai essayé ! Ce n'est pas pour moi. (*Se calmant.*) Je dois m'en aller.

Axelle marche résolument vers la sortie. Jim bondit et lui bloque le passage. Axelle attend qu'il parle.

JIM

Furieux.

Mais tu es complètement folle ! Tu viens m'embrasser, chez moi, dans l'allée numéro sept, tu me dis que je suis heureux et que je te rends heureuse… Tu viens m'embrasser – et j'aime ça, quand tu m'embrasses ! Et toi aussi, tu aimes ça !

AXELLE

Souriant, sans essayer de passer.

C'est acceptable…

JIM

Furieux.

Si tu veux, on peut le faire encore, pour voir si on peut améliorer ça !

Axelle
Soupirant.

Non.

Jim

Pourquoi, non ? Parce que c'est trop bien ? Ma mère a raison quand elle dit que… (*Sans terminer.*) Laisse faire ce qu'elle dit. C'est vulgaire.

Axelle rit. Jim se fâche à nouveau.

Tu me trouves drôle ! Tu me trouves agréable ! Quand je t'embrasse, c'est du cent pour cent ! Au lit, c'était du mille pour cent, si ma mémoire est bonne ! … Et toi, tout ce que tu sais faire, c'est attendre que je me taise pour pouvoir passer, t'en aller… (*Fermement.*) Non ! Tant pis pour toi ! Je vais continuer à parler, jusqu'à ce que tu décides de rester pour… pour le restant de tes jours !

Axelle

Bon.

Axelle retourne dans la pièce. Elle trouve une chaise et s'assoit.

C'est fatigant, de t'écouter. C'est fatigant, de t'embrasser…

Jim
Furieux.

Tout à l'heure, tu étais prête à aller te battre en Afghanistan ! Tu n'es même pas capable de m'embrasser sans tomber sur une chaise ! (*Sérieusement.*) Veux-tu un verre d'eau ?

Inquiet, s'approchant d'elle.

Est-ce que c'est l'heure ? Vas-tu accoucher ? Ici ? Ma

mère, elle ne serait pas très contente si tu… Veux-tu que j'appelle une ambulance?

AXELLE
Souriant.
Appelle l'armée, tant qu'à faire…
Jim s'approche d'Axelle et lui fait de l'air avec ses mains.

JIM
Inquiet.
Ça va mieux?

AXELLE
Je vais très bien. Je m'assois parce que tu en as long à dire, c'est tout. (*Malicieuse.*) Regarde ta montre. Dépêche-toi! C'est presque l'heure? Vite, dépêche-toi!

JIM
Sans relever.
J'étais sérieux… Pour le restant de tes jours, si tu veux.
Essayant de la convaincre.
Écoute: toi et moi, on s'entend bien. On ne se connaît pas vraiment… Mais je sais que tu vas être une très bonne mère. Je peux l'élever avec toi.

AXELLE
Non.

JIM
Poursuivant.
On est jeunes, mais on n'est pas les premiers!

AXELLE
Ce n'est même pas une question d'âge.

Jim
Dans l'ancien temps, les femmes se mariaient à huit ans !

Axelle
Même si j'avais cent ans, je ne voudrais pas.

Jim
Chez moi, avant, les mariages étaient arrangés. Tu sais ce qu'on disait ? C'est mieux de faire bouillir l'eau petit à petit, tranquillement pas vite. Parce que si tu la fais bouillir au début… devine quoi ? Après, tout ce que ça peut faire, c'est de refroidir. Tu comprends ? Nous, on s'est rencontrés, l'eau a chauffé. Petit à petit, ça va chauffer encore plus. Et…

Axelle
C'est ta recette du bonheur ? Mettez de l'eau, puis attendez que ça chauffe ?

Jim
C'est ça, la recette pour qu'on soit heureux… tous les trois…

Axelle
Non.

Jim
Essayant de masquer son désespoir.
Mais pourquoi ?
Axelle pousse un soupir d'exaspération.

Axelle
Tu veux m'épouser ? C'est ce que tu veux ?

JIM
Oui !

AXELLE
Admettons : on se marie…

JIM
Débordant de joie.
Oui ! Je suis d'accord ! C'est du mille millions de cent pour cent ! J'accepte !

AXELLE
Poursuivant.
Je t'épouse…

JIM
L'interrompant.
Attends ! J'ai mon cellulaire, j'appelle un… (*Cherchant.*) Qui fait les mariages, ici ?

AXELLE
Les cyniques et les intrépides. (*Poursuivant.*) Laisse-moi finir. Je t'épouse maintenant. Dans dix minutes, tu pars à Saint-Jean-sur-Richelieu. Puis moi, je reste dans l'allée numéro sept, j'accouche, puis je deviens mère célibataire.

JIM
Mère célibataire ?

AXELLE
Dans quelques mois… en Afghanistan… toi…
Axelle se passe le pouce sur la gorge.
Reprenant.
Mère célibataire. Exactement comme ma mère.

JIM

Mais personne ne tire sur les cuisiniers ! Et puis… Arrêtez avec vos idées morbides ! Toi et mes parents… Au lieu d'imaginer des cercueils, pensez à tous les soldats qui sont revenus intacts, avec deux pieds, dix orteils, deux bras, deux mains, dix doigts ! (*Dans un cri.*) Tu as la chance d'être mère, pour prouver à la tienne que n'importe qui peut faire mieux qu'elle !

AXELLE

Je ne suis pas n'importe qui…

JIM

Et je suis d'accord ! Encore une fois : d'accord ! Mais pense à ça…

AXELLE

Le coupant, catégorique.

Non.

JIM

Tu sais ce que tu es ?

Axelle se raidit.

Tu es trop rigide ! Au lieu de t'adapter à la vie, tu veux que la vie s'adapte à toi !

AXELLE

C'est la différence entre les décideurs et les moutons.

JIM

Tu es trop… trop disciplinée. Tu n'es pas obligée de te tenir si droite – comme une planche à pain… (*Réfléchissant.*) Non… Quand je t'ai vue la première fois, j'ai pensé à un élastique qu'on tire, qu'on tire… (*Il démontre.*)

Axelle
Désagréablement surprise.
Ah.

Jim
Poursuivant.
Si tu tires encore un peu… ça va péter! Mais tu m'as offert une bière, et je me suis dit: « On va tirer un peu sur l'élastique, pour voir… » Et tu sais quoi? Plus j'étais avec toi et plus tu devenais douce… et gentille…

Axelle
Ironique.
Une vraie petite femme des vieux pays…

Jim
Rêveur.
Peut-être… Avec un cœur de bonbon… Comme la guimauve qu'on met dans le chocolat chaud, ici… Tu voulais me parler de ton père? On a le temps, je pense.

Axelle
Doucement.
Jim?
Jim la regarde avec espoir.
J'ai déjà signé les papiers.

Jim
Au comble du désespoir.
Non, non, non, non, non!
Axelle se rapproche de lui.

AXELLE
Oui, oui, oui, oui, oui. Depuis longtemps.

JIM
Mais c'est mon bébé !

AXELLE
Plus maintenant. C'est le bébé d'un vieux couple riche de quarante ans.

JIM
Comment tu sais ça ? Tu les as rencontrés ?!

AXELLE
Hésitant.
Quelqu'un me l'a dit...

JIM
Qui ça, quelqu'un ?

AXELLE
Laisse faire, ce n'est pas important. C'est des détails, tout ça.

JIM
Tu as déjà donné mon bébé ? Ou bien tu l'as vendu, peut-être ? Ou bien tu l'as loué, puis tu reviendras le chercher dans vingt ans, quand tu seras prête à être heureuse ? Mon bébé... Tu as donné mon bébé à des inconnus !

AXELLE
Pour te dire la vérité, l'inconnu, c'est toi. J'ai dit que le fœtus était de père inconnu.

Jim
Comment tu peux dire ça? Je ne suis pas inconnu! Tu me connais! Je suis ici! Tu sais où me trouver! Tout le monde me connaît dans le quartier!

Axelle
Écoute… Arrête. C'est trop tard.

Jim
Mais ce n'est jamais trop tard! Jamais! Regarde ce qu'on va faire: on va aller chez les vieux, tu vas leur dire que tu as retrouvé le père inconnu, que tu me connais très bien, et que moi, je veux connaître mon bébé!

Axelle
Ne dis pas ça. Ce n'est pas drôle.

Jim
Mais ce n'est pas drôle!

Axelle
Avec toi, je ne sais jamais si tu veux rire ou si tu ne veux pas rire.

Jim
Pas maintenant! Je choisis de ne pas rire!

Axelle
Subitement en colère.
Tu veux que je te dise ce qui n'est pas drôle?
Axelle marche résolument vers l'allée de quilles et prend une boule.
Regarde…

Jim
Tu veux jouer aux quilles ? Maintenant ?

Axelle
Féroce.
Puisque la parole ne sert à rien, on va faire une petite partie. On va faire ça lentement, pour que tu comprennes : on va dire que les quilles, c'est mes rêves.
Touchant les quilles une à une.
Celle-là, c'est l'infanterie, peut-être – je n'ai pas encore décidé. Là, il y a moi qui commande les troupes. Celle-là, c'est moi avec un corps de fer, plus dur que le fer. Là, c'est moi, qui n'ai aucun regret, comprends-tu ?

Jim
Je comprends, je comprends…

Axelle
Poursuivant.
Comprends-tu si je fais ça ?
Elle met la boule devant son ventre.
Je trouve que c'est facile à comprendre. La boule, c'est la boule.
Elle s'avance plus près des quilles.
Tu vois ? La boule va faire tomber toutes les quilles ! Oh non !
Elle fait manuellement tomber les quilles une à une.
D'une voix plate.
Et c'est le but. (*Douloureusement.*) Tombés, les rêves ! Partis, perdus ! Finis !

Jim
Quand tu seras vieille et seule et triste, tu penseras à ton mauvais choix !

Axelle

Je préfère regretter plus tard que me détester maintenant. Ton bébé, Jim, il est en train de saboter ma vie. Je ne peux pas le laisser faire. Il faut que je me défende.

Jim

Avec un regain d'énergie.

Oui! C'est ça! Tu as dit « ton bébé! » C'est mon enfant, à moi aussi! Tu n'as pas le droit de tout décider!

Axelle

Le droit de… (*Répondant enfin.*) Écoute-moi, tu vas tout comprendre. Je suis venue parce que… Tout à l'heure, je t'ai dit que c'était ton ultimatum. L'ultimatum, je m'en fous. Tu as dit à ma mère que tu allais mourir, je m'en fous. Ce qui compte, c'est ton droit. Les droits de la personne. Je crois à ça.

Jim

Quoi?

Axelle

Tu comprends que mon corps, c'est mon territoire. Ce territoire-là, c'est à moi. À personne d'autre. De la tête aux pieds, tout ce qui fait partie de mon territoire, c'est à moi.

Jim

Si tu veux, je peux être aussi vulgaire que ma mère: je n'ai pas été planter un drapeau, quelque part dans ton corps? Ton territoire, ça ne devient pas un peu mon territoire à moi, maintenant?

Axelle
Non, vraiment pas. Quand je t'ai rencontré, j'ai cru que tu étais une nation amie, parce que j'avais bu. Laisse-moi te dire que je ne vais plus jamais boire une seule goutte d'alcool de ma vie.

Jim
Deux bières ! On a bu deux bières chacun ! Et quand tu me parlais de toi, et quand tu me regardais dans les yeux avec tes beaux yeux, ce n'était pas l'alcool ! C'était toi qui voulais m'aimer, toi ! Puis l'effet de l'alcool… Voyons donc ! Deux petites bières en dix-sept heures !

Axelle ne répond pas.

Alors comme ça, j'étais une nation amie, et maintenant, on est en guerre ?

Axelle
Pas vraiment. Chacun chez soi, puis on laisse l'autre vivre en paix.

Jim
Alors je n'ai aucun droit sur mon bébé, c'est ça ?

Axelle
J'ai pensé à ça pendant longtemps. C'est pour ça que je suis ici aujourd'hui. Oui, toi aussi, tu as un droit, que personne ne peut t'enlever. Même moi.

Jim
Ah ! J'ai un droit, moi ?

Axelle
Le droit de lui dire au revoir. Je ne peux pas t'enlever ça, ça serait cruel. C'est pour ça que je suis venue.

Pour te donner la chance de lui dire au revoir. Je ne suis pas complètement sans-cœur. J'ai un côté… humanitaire. Casque bleu.

Jim

Tu ne penses quand même pas que je vais te dire merci ? Merci pour quoi ? Merci pour rien, c'est ça ? « Salut bébé, on se rencontrera une autre fois » ?

Axelle

De toute façon, quand je regretterai d'avoir donné mon fœtus, je serai déjà vieille, et générale. J'aurai connu la guerre et j'aurai vu des scènes atroces. Un bébé de plus ou de moins, ça change quoi ?

Marchant vers la sortie.

Bon. Salut.

Jim court se placer devant elle pour l'empêcher de passer.

Même enceinte, je suis probablement plus forte que toi.

Jim

Attends ! Ne pars pas tout de suite !

Axelle

Toi, tu as été élevé dans du coton. Moi, j'ai été élevée dans du fil de fer. Si je veux passer, je peux passer.

Jim

C'est ce que tu crois, vraiment ? C'est comme ça que tu me vois ? Comme si je t'avais tout dit… Axelle, mes parents et moi, on n'est pas venus ici pour des raisons d'argent. Parce que si on était restés… Non, on ne pouvait pas rester. On est partis, à cause de la guerre !

AXELLE
Tu ne m'avais jamais dit ça…

JIM
Mais j'ai essayé de te le dire ! Ça fait des mois que je veux te dire qui je suis !

AXELLE
Intéressée.
Je ne savais pas. D'où tu viens, déjà ? Pas le pays, mais la ville… ?

JIM
Avec douleur.
Tout d'un coup, ça t'intéresse, d'où je viens ? Tout à l'heure, tu me disais : « On s'en fout. » Tu veux des histoires pas belles, c'est ça ? Des histoires tristes, avec des fusils ? Quand on est venus ici, on a décidé de tout oublier, d'être heureux, heureux, toujours, toujours… Et on a réussi ! (*Plus bas.*) On avait réussi, avant que tu me donnes l'idée de servir mon nouveau pays – pour le remercier, peut-être, de m'avoir aidé à me sortir de là. Là où j'étais. Et aussi, parce que… Être heureux, ce n'est pas assez. Pour réussir sa vie, ici, il faut plus…

AXELLE
Bon. Bravo, un point pour toi. Tu as été malheureux, toi aussi. Je croyais que tu avais été élevé avec de la poudre magique de bonheur quétaine, mais je me suis trompée.

JIM
Ah, tu veux jouer à ça ? C'est toi qui as été élevée

dans du coton, avec tes poupées en plastique, ton école gratuite, tes bons vêtements neufs. Ici, si tu travailles assez fort, c'est sûr que tu vas pouvoir t'acheter une voiture. Même les pauvres, ici, ils sont mille fois plus riches que les pauvres du reste de la planète. La guerre, les atrocités… Tu en rêves ! Tu en rêves de désir. Moi, j'en rêve, parce que c'est des souvenirs.

AXELLE
Bon. Les mauvais rêves. Un autre point.

JIM
Tu connais le nom des fusils. Mais moi, je sais quel bruit ça fait au milieu de la nuit. Un autre point pour moi. Toi, tu as une mère alcoolique. Un point pour toi. Mais moi, je connais la peur de me retrouver tout seul chez une de mes tantes, sans savoir si je vais revoir mes parents, parce qu'ils sont partis se cacher en attendant…

AXELLE
En attendant quoi ?

JIM
Ça, je ne me souviens plus. J'avais sept ans. Aujourd'hui, ils refusent d'en parler.
Avec beaucoup de sarcasme.
Quand je leur demande, ils me répondent qu'ils sont partis un bon matin avec tous les honnêtes citoyens du pays, ils ont tous été dans un hôtel américain cinq étoiles, et tous ensemble, ils ont attendu la fin de la calamité.

Axelle

Ils ne pouvaient pas t'emmener avec eux ?

Jim

Non… C'est pour ça… Écoute, je sais comment on se sent quand… Je ne peux pas faire la même chose. Quand je pense à ça… À mon bébé abandonné…

Axelle

Pas abandonné. Adopté. C'est beaucoup mieux. De toute façon, tu t'en vas mourir ailleurs. Comment tu pourras t'occuper d'un bébé quand tu seras mort ?

On entend klaxonner. Axelle ébauche un sourire ironique.

Jim

Ça doit être les premiers clients de la journée. Je n'ai plus beaucoup de temps.

Axelle

Il faut parler très vite, alors.

Jim

Jouant sa dernière carte.

Axelle ! Si tu vendais ton bébé à mes parents ?

Axelle

Surprise malgré elle.

À tes parents ?

Jim

Avec force.

Oui ! Ils sont prêts à le prendre. À l'acheter, si tu préfères – ils n'ont pas d'argent, mais… Quand on veut vraiment, ça se trouve, l'argent ! Ils sont prêts à le prendre le bébé, à l'élever comme mon frère – ou ma sœur – pour eux, c'est pareil. Ils sont très gentils, tous les deux, ce sont de bons parents, tu pourrais les rencontrer…

AXELLE
Ironique.
Oui, rencontrer tes parents, ça me tente vraiment.

JIM
Regarde comme ils m'ont bien élevé ! Je suis un bon gars, heureux, pas compliqué, très gentil…

AXELLE
Pas trop laid, pas trop gros, pas trop intelligent…

JIM
Hein ?

AXELLE
Se dégonflant subitement.
Excuse-moi. Je… Je veux partir.
Elle le repousse doucement. Jim résiste.

JIM
Dans un cri.
Ils veulent un remplaçant !

AXELLE
Quoi ?

JIM
Avec douleur.
Quelqu'un pour me remplacer, au cas où… Depuis le jour où je me suis fait recruter, ils m'ont enterré.

Comprends-tu ? Ils savent ce que c'est ! Le combat, les bombes, les attentats, ils ont connu ça !

AXELLE
Tu viens de me le dire. Maintenant je le sais, mais ça ne change rien.

JIM
Avec un regain d'énergie, mais sincèrement.
Axelle, si tu veux… Je ne pars plus, je reste, je m'occupe du bébé. Tu pars à la guerre – si tu veux – tu fais ta vie, tu suis tes plans… Si tu préfères, on part tous les deux ! Mari et femme !

AXELLE
Non. Ton exemple, tout à l'heure… Ta recette du bonheur… (*Petit rire.*) On a fait bouillir l'eau tout de suite, quand on s'est rencontrés. Maintenant, l'eau, elle est pas mal froide.

JIM
Furieux.
Mais tu viens de m'embrasser !

AXELLE
Qui commence à en avoir assez.
C'était un baiser d'adieu.

JIM
Changeant de tactique.
Mes parents peuvent s'en occuper, du bébé ! Il aura tout ce que j'ai eu ! Ce petit bébé si beau, si mignon, si adorable… Il va avoir tout ce que toi, tu n'as pas eu : un bon père, une bonne mère ! De la pizza tous

les jours ! Des frites aussi – on n'en fait pas, ici, à cause de l'odeur de friture, mais si tu veux… on achètera une friteuse !

Axelle rit. Jim se rapproche d'elle. Silence.

C'est d'accord ?

AXELLE

Avec douceur.

D'accord pour quoi ? La friteuse ?

JIM

Non, pas cette partie-là.

AXELLE

Encore plus doucement.

D'accord pour quoi ?

JIM

Tu m'épouses… et… le bébé et moi, on…

AXELLE

C'est déjà décidé.

Avec émotion, presque en retenant ses larmes.

Tu es gentil et collant comme un chat. Si tu meurs, tes parents pourraient en acheter un, ils ne verront pas la différence. (*Après un temps.*) Zéro de différence.

Silence.

JIM

C'était quoi, mon pourcentage ?

AXELLE

Doucement.

Qu'est-ce que tu veux dire ?

JIM

Que toi et moi, on trouve une solution… Une bonne solution…

Il ne termine pas.

AXELLE

Ah ! Tu veux dire tes probabilités de réussite, malgré ton manque total de stratégie ?

JIM

Sombrement.

C'est ça.

AXELLE

Je ne sais pas si tu vas rire… C'était zéro. Depuis le début.

JIM

Tu t'en vas, c'est ça ? On ne se reverra plus jamais, c'est ça ?

AXELLE

Simplement.

C'est ça. Toi aussi, tu t'en vas. Tes parents t'attendent, dehors.

JIM

Surpris.

Comment tu le sais ?

AXELLE

Il y a une seule voiture dans le stationnement, avec deux adultes qui te ressemblent vraiment beaucoup.

On ne peut pas les manquer. Ils te conduisent à l'autobus, ou ils vont avec toi jusqu'à Saint-Jean ?

Jim ne répond pas.

Tu as raison, ça ne me regarde pas.

JIM

Sombrement.

Bon. Salut.

Axelle s'approche de Jim et lui tend la main. Jim recule.

Les bulles, ça s'attrape, comme un mauvais rhume.

AXELLE

Écoute…

Axelle ne sait plus quoi dire.

JIM

Tu n'aurais pas dû venir ce matin. C'est pire, maintenant, pour moi… C'est pire !

Silence.

Comprenant soudain.

Tu es venue à la dernière minute, à la dernière seconde, comme ça il serait trop tard !

AXELLE

Tu avais ta stratégie, j'avais la mienne.

JIM

Mais je ne l'ai même pas vu ! Comment tu veux que je dise au revoir à quelqu'un que je n'ai jamais vu ?

Axelle ne répond pas.

Et moi, dans tout ça ?

AXELLE

Marchant résolument vers la sortie.

L'armée va t'endurcir. Ça va te faire du bien. Ça va te sortir de ton Magique-Magic. Walt Disney, c'est fini. C'est pour les enfants. (*Sans se retourner.*) Salut, Jim.

JIM

Furieux.

Salut ! Au revoir soldate ! Salut générale sans-cœur ! Je te donne le droit de partir !

Axelle sort de scène.

Criant.

… Cioa bambina ! Je te donne le droit de partir avec tes bottes ! Tes Kalachnikovs ! Tes Barbies yougoslaves ! (*Dans un souffle.*) Salut, Merde Alors.

NOIR.

www.ingramcontent.com/pod-product-compliance
Ingram Content Group UK Ltd.
Pitfield, Milton Keynes, MK11 3LW, UK
UKHW022012260726
13994UKWH00006B/2432